AF319922

CATALOGUE

DES

LIVRES ANCIENS ET MODERNES

COMPOSANT LA BIBLIOTHÈQUE

DE

FEU M. PHILOXÈNE BOYER

HOMME DE LETTRES

Dont la vente aura lieu le vendredi 17 et samedi 18 avril prochain

Rue des Bons-Enfants, 28, maison Silvestre

A SEPT HEURES DU SOIR

Par le ministère de Me HENRI LECHAT, commissaire-priseur

Rue du Faubourg-Poissonnière, 62

Assisté de M. LÉON TECHENER, libraire.

Exposition le jour de la vente, de DEUX A QUATRE HEURES DU SOIR

SE DISTRIBUE A PARIS

A LA LIBRAIRIE J.-LÉON TECHENER FILS

RUE DE L'ARBRE-SEC, 52

—

1868

NOTICE
DE LIVRES

THÉOLOGIE

ET

HISTOIRE DES RELIGIONS. — JURISPRUDENCE.

1. Abrégé de la Bible, par Seiler (x^e édit.). *Erlangen,* 1803 ; in-8, d.-rel.

2. Recherches sur la nature du feu de l'Enfer et du lieu où il est situé, par Swinden ; trad. de l'angl. par Bion, avec figures. *Amsterdam,* 1757 ; in-12, v. m.

3. Mandements et lettres pastorales de Fléchier, évêque de Nîmes ; avec son oraison funèbre. *Paris,* 1712 ; in-12, v. brun (*armoiries*). (*Edition originale.*)

4. Locupletissimus Thesaurus continens varias et selectiss. benedictiones, conjurationes, exorcismos, etc., auct. Gelesio di Cilia. *August. Vindel.* (*Augsbourg*), 1716 ; 2 part. en 1 gros vol. in-8, rel. en peau de truie, empreintes, ferm. (*Anc. rel.*)

Bel exemplaire d'un livre très-rare et curieux.

5. Le Caresme et la Semaine sainte. 3 vol. in-12, tr. dor. bas.

6. Pensées théologiques relatives aux erreurs du temps. *Paris,* 1787 ; in-12, v. rac.

7. **Fichte.** Appel au public au sujet d'une accusation d'athéisme. *Iena et Leipzig,* 1799 ; in-12, cart.

8. **Factum** pour Marie-Catherine Cadière contre le Père Jean-Baptiste Girard, jésuite, où ce religieux est accusé de l'avoir portée, par un abominable quiétisme, aux plus criminels excès de l'impudicité. *La Haye,* 1731 ; in-8, br.

9. **Histoire** des sectes religieuses qui, depuis le commencement du siècle dernier jusqu'à l'époque actuelle, sont nées, se sont modifiées, se sont éteintes dans les quatre parties du monde par M. Grégoire. *Paris,* 1810 ; 2 vol. in-8, br.

10. **Mémoires** de Luther, écrits par lui-même, traduits et mis en ordre, par J. Michelet. *Paris,* 1854 ; 2 vol. in-8, br.

11. **Natalis Comitis** Mythologiæ, sive explicationum fabularum libri decem : eiusdem libri quatuor de venatione. *Paris,* 1583 ; 1 vol. in-8, v. m. arm.

12. **Dictionnaire** mythologique universel, par Vollmer. *Stuttgart,* 1836 ; 1 vol. in-4, d.-rel.

13. **The Fairy Mythology,** illustrative of the romance and superstition of various countries, by Thomas Keightley. *Londres,* 1850 ; in-8, cart. toile.

14. **De l'Esprit des loix,** ou du Rapport que les loix doivent avoir avec la constitution de chaque gouvernement, par Ch. Secondat de Montesquieu (1re édit. publiée par J.-J. Vernet), etc. *Genève,* 1750 ; 3 vol. in-12, v. f. fil. tr. dor. carte.

15. **Enchiridion** rerum criminalium vulgo practica, Jaodoco Damhouderio. *Lugduni,* 1555 ; in-8, vél.

SCIENCES ET ARTS.

—

16. Histoire universelle de la philosophie, par J.-
Aug. Eberhard. *Halle,* 1783 ; in-8, cart.

17. The Physical and metaphysical Works of Lord
Bacon, including his Dignity and advancement of
learning in nine books, by Jos. Devey. *Londres,*
1860 ; in-8, cart. toile.

18. The Moral and historical Works of Lord Bacon,
and life of Henry the Seventh, by Joseph Devey.
London, 1860 ; in-12, cart.

19. Histoire des causes premières, ou Exposition
sommaire des pensées des philosophes sur les
principes des êtres, par M. l'abbé Batteux. *Paris,*
1769 ; in-8, veau marb. fil.

Exemplaire en grand papier.

20. Meditations on death and eternity, translated
from the german, by Frederica Rowan. *London,*
1863, in-8, cart.

21. Idée de la Personnalité, par Fichte. *Elberfeld,*
1834, in-12, cart.

22. Des Erreurs et préjugés répandus dans la socié-
té, par J.-B. Salgues. *Paris,* 1811 ; 3 vol. in-8, br.
Préjugés des réputations, par J.-B. Salgues. *Paris,*
1830 ; in-8, br. — Ens. 4 vol.

Ces 4 vol. se trouvent rarement réunis.

23. Nouvelle Collection des moralistes anciens :
Moïse, David, Salomon, etc, ; Platon ; Zoroastre ;
Marc-Aurèle-Antonin, 2 vol. ; Mahomet, 2 vol. ;
Jésus-Christ, 2 vol. ; Manou ; Confucius ; Chou-
King, publiés par Lefèvre. Ens. 12 vol. in-18, br.

24. De la Sagesse, trois livres, par Pierre Charron. *Jouxte la copie imprimée à Bourdeaux, par Simon Millanges*, 1606 ; in-8, parch.

25. Réflexions, ou sentences et maximes morales (par M. le duc de la Rochefoucauld). *Paris*, 1665 ; in-12, v. br.

26. Gellert. Lecture morale. *Kiel*, 1771 ; 2 vol. in-12, d.-rel.

27. Table-Talk , or Original Essays on men . and manners *London*, 1824 ; 2 vol. in-8, cart.

28. The Guardian (en anglais). *London*, 1740 ; 2 vol. in-12 v. éc.

29. Traité de l'éducation, par Christ. Weiss et Ern. Tillich (en allemand). *Leipzig*, 1803 ; 2 vol. in-8, v. rac. (Tome Ier.)

30. De Civilitate morum puerilium, per Des. Erasmum. *Parisiis, Ch. Wechel*, 1530 ; pet. in-8, cart.

Civilité à l'usage des eufants, au xvie siècle.

31. Du Pouvoir de l'État sur l'enseignement, d'après l'ancien droit public français, par M. Troplong, de l'Institut. *Paris*, 1844 ; in-8, pap. vél. d.-rel. mar. bleu.

32. Aristippe, ou de la Cour, par M. de Balzac. *Paris*, 1658 ; in-4, v. br.

Édition originale publiée par Valentin Courart. Beau frontispice gravé.

33. Dissertation sur la glace, par Dortous de Mairan, de l'Académie française. *Paris*, 1749 ; 1 vol. in-12, v. m.

Plusieurs planches.

34. Curieux traité de l'Aimant, divisé en deux parties : les expériences et les raisons que l'on en peut rendre, par (Dalenié). *Paris*, 1712, in-12, v. m.

Orné de 32 figures.

35. Almanach des gourmands, servant de guide dans les moyens de faire excellente chère (à Paris), par

un vieil amateur (Grimod de la Reynière). *Paris*,
1804-1810 ; 8 vol. in-18, v. f. fil. tr. dor.

Les figures sont gravées d'après les dessins de l'auteur. Ces premières années sont rares.

36. Arithmétique raisonnée, où l'on démontre toutes
les opérations que l'on peut faire sur les nombres
tant entiers que fractionnaires, par J.-F.-A.-Y.
Paris, 1809 ; in-8, vél. vert.

Manuscrit autographe du Père ADRY, de 176 pages, avec un supplément
de 59 pages.

37. Memorie dei più insigni pittori, scultori e
architetti domenicani, del P. V. Marchese. *Firenze*,
1854 ; 2 vol. pet. in-8, br.

38. Méthode simple pour apprendre à préluder en
peu de temps avec toutes les ressources de l'har-
monie, par Grétry. *Paris, Imprimerie de la Répu-
blique, an X*, in-8, cart. non rog.

Opuscule rare, non mentionné dans les biographies ; on dit qu'il a été tiré à
petit nombre.

39. Airs de la Comédie italienne (rassemblés pour
le concert donné par M. de Crozat). 1716 ; in-8,
v. m. musique notée et gravée, avec additions
manuscrites.

BELLES-LETTRES.

I. LINGUISTIQUE. — RHÉTORIQUE.

40. Novum Lexicon græcum etymologicum et reale ;
cui pro basi substratæ sunt concordantiæ et eluci-
dationes Homericæ et Pindaricæ : auctore Chris-
tiano Tobia Damm. Edit. cura Joan. M. Duncan.
Glascow, 1824, gr. in-4, v. f. fil.

41. Lexicon Platonicum, sive vocum Platonicarum index, condidit Fridericus Astius (en grec). *Leipsig*, 1835; 2 vol. in-8, in-8, d.-rel.

42. Chimerandre l'Antigrec, fils de Bacha Bilboquet, ou les Equivoques de la langue françoise (par De Cerfvol). *A Balivernopolis*, 1766; in-12, cart.

43. L'Apothéose du dictionnaire de l'Académie et son expulsion de la région céleste. *La Haye*, 1696 ; in-12, v. jasp.

44. Lectures on Rhetoric and Belles-Lettres, by Hugh Blair. *London*, 1839; in-8, portr. cart.

II. POÈTES GRECS, LATINS,

FRANÇAIS ET ÉTRANGERS.

45. Les Quatre Poétiques : d'Aristote, d'Horace, de Vida, de Despréaux, avec les traductions et des remarques par l'abbé Batteux. *Paris,* 1771, 2 vol. in-8, d.-rel.

46. Les Odes pythiques de Pindare, traduites avec des remarques par Chabanon. *Paris*, 1772 ; in-8, v. m.

47. Homère vengé, ou Réponse à M. de la Motte sur l'Iliade (par Gacon). *Paris,* 1715; in-12, v. br. front. gravé.

48. P. Virgilii Maronis opera interpretatione et notis illustravit Car. Ruæus Soc. Jesu, jussu Regis, ad usum Delphini. *Paris,* 1682; in-4, v. m. (*Rel. fatiguée.*)

49. Q. Horatii Flacci opera (en latin) illustravit Christ. Guil. Mitscherlich. *Reutlingæ,* 1814 ; 2 vol. in-8, bas.

50. Découverte de la maison de campagne d'Horace, par l'abbé Capmartin de Chaupy. *Rome,* 1767; 3 vol. in-8, v. m. fil. cart. front. arm.

51. Histoire de la poésie française (par Mervesin). *Paris*, 1706 ; in-12, v. m. pl.

52. Nouveau Dictionnaire des rimes par A. Lemare. *Paris*, 1828 ; 1 gros vol. in-8, d.-rel. v. b. (*Ouvrage estimé.*)

53. Essai sur les fables poétiques et les légendes. *Hambourg*, 1738 ; in-8, cart.

54. Le Livre des Légendes, par Le Roux de Lincy. *Paris*, 1837 ; 1 vol. in-8, br.

55. De l'État de la poésie française dans les xiie et xiiie siècles, par M. de Roquefort. *Paris*, 1821 ; in-8, d.-rel. v.

56. Le Troubadour, poésies occitaniques du xiiie siècle, trad. et publ. par Fabre d'Olivet. *Paris*, 1804 ; 2 part. en 1 vol. in-8, d.-rel.

57. Poëtes français, ou Choix de poésies des auteurs du second et du troisième ordre des xve, xvie, xviie et xviiie siècles, par J.-B.-J. Champagnac. *Paris*, 1825 ; 6 vol. in-12, br.

58. Recueil des plus beaux vers de Mre Honorat de Beuil, sieur de Racan. *Paris*, 1698 ; in-12, v. m.

59. Paraphrases sur les épistres canoniques, par A. Godeau, évesque de Grasse. *Paris* (*Pierre le Petit*), 1651 ; in-12, v. br.

60. Les Plaisirs de Saint-Germain-en-Laye et de la cour, et le Tableau de la vie humaine, ou le Solitaire. *Paris, chez Gabriel Quinet*, 1665 ; pet. in-12, v. jas.

Suivi de la *Gazette travestie* en vers burlesques.

61. Les Epistres et toutes les élégies amoureuses d'Ovide, traduites en vers françois (par l'abbé Jean Barin). *La Haye*, 1685 ; 2 part. en 1 vol. in-12, vél.

62. Le Voyage du Parnasse (par Limojon de Saint-Disdier). *Rotterdam* (*Chartres*), 1716 ; in-12, v. m.

63. Voyage de Chapelle et de Bachaumont, suivi de leurs poésies diverses, etc., précédé de mémoires pour la vie de Chapelle, etc. *Paris*, 1826; 1 vol. in-8, br. port.

64. Philotanus, poëme par M. l'abbé *** (Grécourt), 3ᵉ édit. dont les lacunes sont remplies, et augmentée de quelques notes, avec une gravure ajoutée. *Paris, Legond*, 1733; in-12, v. rac.

65. L'Ami des Muses, par Boudier de Villemert. *Avignon*, 1758; in-8, v. m. fil.

66. Mélanges de poésie et de littérature, par Florian. *Paris, Didot*, 1787; in-18, d.-rel. v. f. non rog.

Jolies figures de Queverdo; on remarque dans ce petit volume : l'*Éloge de Louis XIII, le Chien de chasse*, conte en vers; *Léocadie*, anecdote espagnole; sur le *Château d'Anet*, etc.

67. OEuvres de Stanislas de Boufflers, édit. complète, ornée du portr. de l'auteur, *Paris, Briand*, 1813; 2 vol. in-8, d.-rel. v. fauve, 16 gravures de Marillier.

68. L'Art d'aimer d'Ovide, suivi du Remède d'amour, trad. avec des notes mytholog. et littér., par F. S. A. D. L. (Aved de Loiserolles). *Paris*, 1803; in-8, 471 pages, front. cart. non rog.

69. Epîtres et Elégies, par Ch. Loyson. *Paris*, 1819, br. in-8.

70. Méry et Barthélemy : Sidiennes. — Congrès des ministres, ou Revue de la garde nationale. — La Corbiéride. — Une Soirée chez M. de Peyronnet. — La Censure. — Rome à Paris. — La Peyronnéide. — Etrennes à M. de Villèle. — Procès du Fils de l'homme. — Waterloo; au général Bourmont. — Napoléon en Egypte. — Le Fils de l'homme. — 1830, Satires politiques. — L'Insurrection. — La Bourse ou la Prison. — Ma Justification. *Paris*, 1825 à 1832. — Ens. 16 br. in-8.

71. Romans lyriques et poésies nouvelles. — Octave et Léo. — Les Fleurs mortes. — William, suivi de

Blanche. — Pierre, ou les Nouvelles ligugéennes;
par Théod. Véron. — Ens. 5 vol. in-12, br.

72. Gerbes glanées, par Julien Travers. — Première
Gerbe. *Caen*, 1859; in-12, br.

Tiré à petit nombre.

73. Les Contes de Guill. Vadé, avec une Vie de
Molière (publiés par Voltaire). *En Europe*, 1773;
pet. in-8, v. gr.

74. Complainte des filles auxquelles on vient d'in-
terdire l'entrée des Thuilleries, à la brune. Br.
in-8.

75. Les Noëls bourguignons de Bernard de La
Monnoye (Gui-Barôzai), etc., précédés d'une notice sur la Monnoye et de l'histoire des Noëls en
Bourgogne par F. Fertiault. *Paris*, 1842; 1 vol.
pet. in-8, d.-rel.

76. De la Langue et de la poésie provençales, par le
baron Eug. Van Bemmel. *Bruxelles*, 1846; pet.
in-8, br.

77. La Gierusalemme liberata di Torquato Tasso,
con le figure di Sebastiano Clerc. *Parigi, David*,
1764; 2 vol. in-12, fig. v. éc. fil. tr. dor.

Bel exemplaire. Les 20 *figures de Sébast. Le Clerc* sont avant la lettre.

78. Poesie di Lorenzo Pignotti Aretino. *Firenze*,
1820; pet. in-12, tit. gr. fig. v. non rog.

79. Manuel de l'histoire de la poésie allemande,
par Gervinus. *Paris*, 1843, 1 vol. in-12, br.

80. Sur les Lettres gothiques, par Gervinus. *Leipzig*,
1836; in-12, cart.

81. Choix de poésies allemandes, par Huber. *Paris*,
1766; 4 vol. in-12, veau f. fil. (*Anc. rel.*)

Fables, contes et nouvelles, le tout en prose, tels que : le Mouchoir, les
Quatre Ages de la Femme, l'Art d'être heureux, la Diversité des opinions des
hommes, Contre les souhaits des hommes, le Bonheur des fous, Traité des
proverbes, etc.

82. Ballades allemandes tirées de Burger, Kœrner
et Kosegarten et publ. par Ferd. Flocon. *Paris*,
1827; pet. in-12, d.-rel. fig. de Desenne.

83. La Parthénéide, poëme de J. Baggesen, trad. de l'allem. *Paris*, 1810 ; in-12, d.-rel.

84. OEuvres poétiques de Frédéric de Hagedorn (texte allemand). *Hamburg*, 1800 ; 5 parties en 5 vol. in-8, br.

85. Faust, poëme, par Waldemar Nürnberger. *Berlin*, 1842 ; in-12, cart.

86. Poésies d'Auguste Wolf. *Königsberg*, 1847 ; in-8, br.

87. Specimens of the early english poets, by George Ellis. *Londres*, 1845 ; 3 vol. in-12, cart. toile.

88. Reliques of ancient english poetry, collected by Thomas Percy. *London*, 1859 ; gr. in-8, fig. et frontispice gravé, cart.

89. Theatrum poetarum, or a complete Collection of the poets, especially the most eminent of all ages (en anglais), by Edward Phillips. *London*, 1675 ; in-8, d.-rel. chag.

90. The Poetical Works of Geoffrey Chaucer, with an essay on his language and versification and an introductory notice and glossary, by Th. Tyrwhit. *London*, 1860 ; gr. in-8, portrait et frontispice gravé, cart.

91. The Works of Ed. Spenser, with a selection of notes from various commentors ; to which is prefixed, by the Rev. H. John Todd..... M. A. *Londres*, 1861 ; gr. in-8, cart. toile, portr.

92. The Works of Beaumont and Fletcher, with an introduction by George Darley. *Londres*, 2 vol. gr. in-8, cart. toile, portr.

93. The Works of Lord Byron. *London*, 1815 ; 4 vol. in-12, veau ant. fil.

94. Poems, by Thomas Hood. *Londres*, 1857 ; in-12, cart. toile.

95. Idylls of the King, by Alfred Tennyson. *Londres*, 1859 ; in-12, cart. toile.

III. POÉSIE DRAMATIQUE.

96. Lettres de M. Desprez de Boissy sur les spectacles. *Paris*, 1769; in-12, v. m.

97. L'Art de la représentation dramatique, par Henri Théod. Rœtscher. *Berlin*, 1841 ; in-8, d.-rel.

98. A Course of lectures on dramatic art and literature, by A. W. Schlegel, translated by John Black. *London*, in-12, cart.

99. Essai sur l'architecture théâtrale, par Patte. *Paris*, 1782; in-8, d.-rel. figures.

100. Æschyli Tragœdiæ (en grec), ad optimorum librorum fidem recensuit, integram lectionis varietatem notasque adiecit Aug. Wellauer. *Leipsig*, 1823; in-8, d.-rel.

101. Æschyli Tragœdiæ superstites et deperditarum fragmenta ex recensione G. Dindorfii. *Oxonii*, 1851; in-8, cart. en toile.

102. Ricardi Parsoni Adversaria. 1812; portr. — Æschyli Persæ. 1823. — Theologumena Æschyli Tragici. 1839. — Æschyli quæ supersunt, edidit Dr R. H. Klausen, Agamemnon, 1833. — Quæstiones Sophocleæ, edidit Constantinus Matthiæ. 1832. — Æschylea Orestia, Agamemnon, edidit C. G. Haupt. 1837; ens. 6 vol. in-8, rel.

103. Sophoclis Opera (en grec), superstites tragœdias vii recensuit, versione et notis illustravit, deperditarum fragmenta collegit Rich. Franc. Phil. Brunck. *Londres*, 1824 ; 4 vol. in-8, d.-rel. dos et coins, v. f.

104. Sophoclis Antigona, edita a Fr. C. Wex. *Lipsiæ*, 1829; 2 tomes en 1 vol. in-8, d.-rel. v.

105. De l'Essence de la tragédie antique. — Cours d'esthétique sur les deux OEdipes de Sophocle, par H. F. Wilhelm Hinrichs. *Halle*, 1827; in-12, cart.

106. Aristophanis Comœdiæ, cum scholiis et varie-
tate lectionis (en grec), recensuit Immanuel Bec-
kerus. Accedunt versio latina, deperditarum comœ-
diarum fragmenta, etc. *Londres*, 1829; 5 vol. in-8,
cart. toile.

107. Les Comédies de Térence, avec la traduction et
les remarques de Mme Dacier. *Rotterdam*, 1717;
3 vol. pet. in-8, fig. de Bern. Picart, v. br.
Édition la plus recherchée de cette traduction. (Voyez Brunet.)

108. Hilarii versus et ludi. *Lutetiæ Parisiorum,
Techener*, 1838; in-8, d.-rel. v. bl. pap. vergé.
Publication à petit nombre due aux soins de M. Champollion-Figeac.

109. Études sur les mystères, monuments historiques et littéraires, la plupart inconnus, et sur divers manuscrits de Gerson; y compris le texte
primitif français de l'Imitation de J.-C., par Oné-
sime Leroy. *Paris, impr. Crapelet, Hachette*, 1837;
1 vol. in-8, br.

110. Le Monde dramatique, spectacles de Paris.
3 vol. gr. in-8, fig. sur bois, d.-rel.

111. Recueil de pièces de théâtre. *Paris*, 1670-1671;
in-12, v. éc. savoir :
Le Marquis ridicule, ou la Comtesse faite à la haste, par Scarron. *Paris*,
1670. — Les Carrosses d'Orléans, comédie, par de la Chapelle. — L'Im-
promptu de l'hostel de Condé, par Boursault. — La Satire des satires, comédie, par Boursault. — Les Trompeurs trompez, ou les Femmes vertueuses,
comédie par Rosimond. *Paris*, 1671.

112. Scudéry. Le Trompeur puny, pet. in-8, cart.
Titre remonté et rogné à la lettre.

113. OEuvres de Molière; nouvelle édit., augmentée de la vie de l'auteur et de remarques historiques et critiques, par Voltaire, avec de très-
belles figures en t.-d. *Amsterdam et Leipzig*, 1765;
6 vol. in-12, v. f. fil. t. dor. portr.

114. Les OEuvres de théâtre de M. de la Motte, avec
plusieurs discours sur la tragédie. *Paris*, 1730;
2 vol. in-8, maroq. roug. fil. tr. dor. arm. (*Taché
aux derniers feuillets.*)

115. Charlotte Corday, tragédie, par F. Ponsard. *Paris*, 1850; gr. in-8, br. fig.

116. Théâtre européen (trad. française de divers auteurs), Shéridan, Politien, N. Machiavel, cardinal Bibiena, Goldoni, Alb. Nota, Calderon, Iffland, L. Tieck, Holberg, P. Porée, Hroswitha, Ferreira, Martinez de la Rosa, Lope de Vega, etc. 2 vol. gr. in-8, cart.

117. Théâtre de Caldéron, traduction allemande par Gries. *Berlin*, 1840; 9 tom. en 4 vol. in-8, cart.

118. Sur le Magicien prodigieux, tragédie de Caldéron, comparée avec le Faust de Gœthe, par Rosenkranz. *Halle et Leipzig*, 1829; in-12, cart.

119. Nouveau Théâtre allemand, par Friedel et Bonneville. *Paris*, 1722-1785; 12 vol. in-8, bas.

120. Drame et Fragments dramatiques, publiés par Aug. Nodnagel. *Darmstadt*, 1842; in-12, cart.

121. Critique et Explication du *Faust* de Gœthe, par Weisse. *Leipzig*, 1837; in-8, cart.

122. Le Faust de Gœthe : éclaircissement pour l'intelligence de la deuxième partie, par W. Ernst. Weber. *Halle*, 1836, in-12, cart.

123. Lettres sur Faust et Gœthe, par Enk. *Vienne*, 1834; in-8, cart.

124. Sentiments de Hérold sur le Faust de Gœthe. *Leipzig*, 1831; 2 parties en 1 vol. in-12, cart.

125. Sur la Tragédie de Tasse, par Gœthe, par le Dr Friedrich Lewitz. *Kœnigsberg*, 1839; in-8, cart.

126. Sur les Compositions du prince Antoine Radziwill pour le Faust de Gœthe, par Fréd.-Aug. Gotthold. *Kœnigsberg*, 1839; in-8, cart.

127. Faust, poëme dramatique de Marlowe. *Leipzig*, 1839; in-8, cart.

128. Le Théâtre anglois. *Paris*, 1745; 8 vol. in-12, v. m.

129. The Dramatic Works of William Shakspeare, with notes, by Samuel Weller Singer. *Dublin*, 1840; 10 vol. in-12, br.

Exemplaire auquel il manque le titre des tomes I et V. — Rempli de remarques à la plume. Mauvais état.

130. The Complete Works of W. Shakspeare. *Paris, Baudry*, 1844; 9 vol. (lacunes) in-8, br. incomplet et en très-mauvais état.

131. OEuvres complètes de Shakespeare; traduction allemande par Schlegel et Ludwig Tieck. *Berlin*, 1843; 12 vol. in-8, cart.

132. Chefs-d'œuvre de Shakspeare, trad. en vers blancs, en vers rimés et en prose, par A. Bruguière, baron de Sorsum, revus par de Chênedollé. *Paris*, 1826; 2 vol. in-8, br.

133. Hamlet, and As you like it : a specimen of a new edition of Shakespeare (by Caldecott). *London*, 1819; gr. in-8, cart.

134. Sur l'Hamlet de Shakespeare, par Pries. *Rostock*, 1825; in-12, cart.

135. Étude sur l'Hamlet de Shakespeare, par Karl Rohrbach. *Berlin*, 1859; in-8, br.

136. A Disquisition on the scene, origin, date, etc., of Shakespeare 's Tempest, in a letter to Benj. Heywood Bright esq. from the Rev. Jos. Hunter. *Londres*, 1839; in-8, d.-rel.

137. An Introduction to Shakespeare Midsummer night's dream, by James Orchard Halliwell, esq. *Londres*, 1841; in-8, d.-rel.

138. Illustrations of Skakspeare and of ancient manners, with dissertations, by Francis Douce. *London*, 1839; in-8, fig. sur bois, cart.

139. New Illustrations of the life, studies and writings of Shakespeare, supplementary to all the

editions, by J. Hunter. *London,* 1845; 2 vol. in-8, cart.

140. Shakespeare's Puck and his Folkslove illustrated from the superstitions of all nations, by William Bell. *London,* 1852; in-12, figures dans le texte, cart.

141. Essais littéraires sur Shakespeare, ou Analyse raisonnée, scène par scène, de toutes les pièces de cet auteur, par Paul Duport. *Paris,* 1828; 2 vol. in-8, d.-rel. portr.

142. Commentaries on the historical plays of Shakspeare, by the right hon. Thomas Peregrine Courtenay. *London,* 1840; 2 vol. in-12, cart.

143. The English of Shakespeare, illustrated in philogical commentary on his Jul. Cæsar, by George L. Craick. *Londres,* 1859; in-8, cart. toile.

144. Characters of Shakspeare's plays, by William Hazlitt. *London,* 1854; in-12, cart.

145. New Exegesis of Shakespeare interpretation of his principal characters and plays on the principle of races (by O'Connell). *Edinburgh,* 1859; in-12, cart.

146. An Essay on the writings and genius of Shakespeare compared with greek and french dramatic poets, by Montagu. *London,* 1785, in-8, cart.

147. The Philosophy of the plays of Shakspeare unfolded, by Delia Bacon, with a preface by Nathaniel Hawthorne. *London,* 1857; in-8, cart.

148. Shakspeare's dramatic Art and his relation to Calderon and Gœthe, translated from the german of D' Hermann Ulrici. *London,* 1846; in-8, cart.

149. Studies of Shakespeare, with observations on the critiscism and the acting of those plays, by George Fletcher. *London,* 1847; in-8, cart.

150. Memorials of Shakspeare, or Sketches of his character and genius, by various writers, collected by Nathan Drake. *London*, 1828; in-8, cart.

— 151. Te Life of Shakspeare, and Essays on the ancient theatres and theatrical usages, by A. Skottowe. *London*, 1824; 2 vol. in-8, cart.

— 152. Shakspeare and his Friends, or the golden age of merry England (by Folkestone Williams), 1 vol. — The Youth of Shakspeare (by Folkestone Williams), 1 vol. — The Beauties of Shakspeare, by the late Rev. William Dodd, 1 vol. *Paris, Baudry*, 1838-1839; ensemble 3 vol. in-8, br.

— 153. Shakespeare, sa vie et ses œuvres, par Kreysig. *Berlin*, 1859; in-8, br. (*Tome second.*)

— 154. Sur Shakespeare, par J.-J. Eschenburg. *Zurich*, 1787; 1 vol. in-12, d.-rel.

155. Pensées de Shakespeare, extraites de ses ouvrages (par Charles Nodier). *Besançon*, 1801; 1 vol. in-18, br. (*rare*).

156. Notes and Lectures upon Shakespeare, and some of the old poets and dramatists with other literary remains of S.-T. Coleridge. *Londres*, 1849; 2 vol. in-12, cart. t.

157. Specimens of english dramatic poets who lived about the time of Shakspeare, by Charles Lamb. *Londres*, 1854; in-8, cart. toile.

158. Bertram, ou le Château de Saint–Aldobrand, tragédie traduite de l'anglois du Rév. Maturin, par le Bon Taylor et Ch. Nodier. *Paris*, 1821; in-8, d.-rel. v.

159. The dramatic and poetical Works of Robert Greewe and George Peele, with memoirs of the authors and notes by the Rev. Alex. Dice. *Londres*, 1861; 1 vol. gr. in-8, cart. toile.

160. La Vie de David Garrick, suivie de deux lettres de M. Noverre à Voltaire sur ce célèbre acteur, et de l'Histoire abrégée du théâtre anglais de Mur-

phy, par Marignie. *Paris, an IX*; in-12, d.-rel. d. et c. v. f. portr. de Garrick.

IV. FABLES; ROMANS; FACÉTIES.

161. Phædri Fabulæ, Ann. Senecæ ac Publii Syri Sententiæ. *Aureliæ,* 1773; in-16, br.

Exemplaire grand papier; édition microscopique.

162. Fables inédites des xiie, xiiie et xive siècles, et Fables inédites de La Fontaine, rapprochées de celles de tous les auteurs qui avaient, avant lui, traité les mêmes sujets, par A. Robert. *Paris,* 1825; 2 gr. vol. in-8, br.

163. Fables héroïques, renfermant les plus saines maximes de la politique et de la morale, par B. la Martinière. *Amsterdam,* 1754; 2 vol. in-12, br. grav. portr.

164. L'Histoire ethiopique, contenant les amours de Theagenes Thessalien et Chariclea Ethiopienne, trad. de grec en françois, d'Heliodore, par J. Amyot, et publiée par le sieur d'Audiguier. *Paris,* 1626; in-8, v. fil.

165. Voyage de Nic. Klimius dans le monde souterrain, contenant une nouvelle théorie de la terre et l'hist. d'une V[e] monarchie inconnue jusqu'à présent, trad. du latin d'Alblin, par de Mauvillon. *Copenhague,* 1741; pet. in-8, v. marb. portr. en gr. (*Rare.*)

Roman allégorique fort curieux.

166. Les Aventures de Télémaque, fils d'Ulysse, par Fénelon, nouvelle édit., augm. et corrigée sur le ms. original de l'auteur avec des remarques. *Amsterdam, Wetstein,* 1725; in-12, v. b.

C'est la même édition que celle d'Hofhout. *Rotterdam,* 1719 et 1725, avec les remarques de Limiers.

167. Les Aventures de Télémaque, fils d'Ulysse, par Fénelon, nouvelle édition, conforme au manus-

crit original. *Paris, Barbou,* 1757; 2 vol. in-12, fig. par J.-P. Le Bas, v. m.
Excellente édition, ornée de jolies gravures.'

168. La Télémacomanie, ou la Critique du roman intitulé les Aventures de Télémaque (par Faydit). *Eleuthérople, Pierre Philalèthe,* 1700; in-12, v.

169. Les Mémoires du comte D*** avant sa retraite, contenant diverses aventures qui peuvent servir d'instruction, rédigez par de St-Évremond. *Brusselles,* 1696; 4 t. en 2 vol. in-12, vél. de Holl.

170. Mémoires de la vie du comte de Grammont, contenant particulièrement l'histoire amoureuse de la cour d'Angleterre sous le règne de Charles II. *Cologne,* 1713; in-12, d.-rel.

171. Les Nuits d'hiver, contes en vers et en prose, par Mercier de Compiègne. *Paris, an III,* pet. in-12 br., non rogné.

172. Contes et nouvelles de Boccace, enrichis de figures en taille-douce gravées sur les dessins de Romain de Hooge. *Cologne,* 1702, 2 vol. in-12, v. jasp. (*Bel exempl.*)

173. Vie et aventures de Tiel Eulenspiegel, roman populaire. *Gudruett,* 1784, 2 part. en 1 vol. in-12 cart. musique.

174. OEuvres complètes de Hoffmann (texte allemand). *Paris, Baudry,* 1841; 1 vol. gr. in-8, à 2 col. br. portr.

175. OEuvres complètes de Jean-Paul Richter (texte en allemand). *Paris, Baudry,* 1843; 4 vol. gr. in-8, à 2 col. br. portr.

176. Baudry's Collection : Bulwer : — Pelham, 2 v. — Pilgrims of the Rhine, 1 v. — England and the English, 1 v. — Lucretia, 1 vol. — The last Days of Pompeii, 1 v. — The Student, 1 v. — Eva, 1 v. — Athens, 1 vol. — Ernest Maltravers, 1 vol. —Harold, 1 vol. *Paris,* 1832-1848. Ensemble : 11 vol. in-8, br.

177. The History of Tom Jones, by Fielding. *London, s. d.*, 3 vol. in-12, avec frontispice gravé, maroq. rouge, fil. d. s. t.

178. The Adventures of Joseph Andrews, by Henry
Fielding. *London, s. d. ;* 2 vol. in-12, frontispice
gravé, maroq. vert, fil. d. s. t.

179. The Life and opinions of Tristram Shandy.
Londres, 2 vol. pet. in-12, cart.

180. The posthumous Papers of the Pickwick Club,
by Ch. Dickens. *Paris,* 1839; 2 vol. in-8, br.

181. Les Étrennes de la Saint-Jean, avec une relation
galante et funeste. — Les Écosseuses, ou les œufs
de Pasques, suivi de l'Histoire amoureuse d'un
porteur d'eau avec une ravaudeuse. *Troyes,*
1757; 2 parties, 2 vol. in-12, br. fig.

182. Histoire des Rats, pour servir à l'histoire universelle, par de Sigrais. *Ratapolis,* 1738; in-8, cart.
front. fig.

183. Gœthe : thèse sur les Puces. *Berlin,* 1839,
in-8, cart.

Facétie écrite par Gœthe pendant son séjour à l'université (latin et français).

184. Sur les Caractères de la beauté, par Frédéric
Gutermann. *Frankfurt-am-Mein,* 1837; in-8, cart.

185. Aresta amorum 52 (les Arrests d'amour de
Martial d'Auvergne) accuratissimis Benedicti
Curtii Symphoriani commentariis ad utriusque
juris rationem forensiumque actionum usum
quam acutissime accommodata. *Parisiis,* 1555;
in-16, v. mar. tr. dor. lettres rondes.

186. Errotika biblion (par Mirabeau). *Rome,* 1783;
in-8, broché.

187. Les Quinze Joyes de mariage. *Paris, Jannet,*
1853, in-12, cart.

188. Opuscules rares ou facétieux : les Commande-
ments de Dieu et du diable, etc. — Le Blason des

hérétiques. — La Farce joyeuse de Martin Bâton. — Des XXIII manières des Vilains. — Notice de livres rares et précieux, imprimés sur pap. de Chine. — Clef du Cymbalum mundi. *Paris, Techener;* pet. in-8, d.-rel. v. viol.

Recueil factice de pièces tirées à petit nombre.

189. Sermon pour la consolation des Cocus, suivi de plusieurs autres. *Amboise,* 1751 ; in-12, pap. Hol. br.

V. PHILOLOGIE.

190. Essai sur les écrits politiques de Christine de Pisan, suivi d'une notice littéraire et de pièces inédites, par R. Thomassy. *Paris,* 1838, in-8, br.

191: Micellanies of Literature, by d'Israeli. *Paris, Baudry,* 1840 ; 2 vol. in-8, br.

192. Amenities of literature, consisting of sketches and characters of english literature, by J. d'Israeli. *Paris, Baudry,* 1842 ; 2 vol. in-8, br.

193. Pétrone latin et françois, traduction entière (par Nodot). *Paris, an VII;* 2 tomes en 1 vol. in-8, d.-rel.

194. Menckenii de Charlataneria eruditorum declamationes duæ. *Amstel.,* 1715 ; in-12, v.

195. Jo. Burch. Menckenii de Charlataneria eruditorum declamationes duæ, cum notis variorum; editio quarta. *Amst.,* 1727; in-12, avec un fr. gravé.

196. Le Chef-d'œuvre d'un inconnu, poëme, par le Dr Chrysost. Mathanasius. *La Haye,* 1728 ; in-12, demi-rel.

197. Le Chef-d'œuvre d'un inconnu, par Chrysost. Mathanasius (de Saint-Hyacinthe). *La Haye,* 1744; 2 tom. en 1 vol. in-12, fig. v. m. fil.

198. L'Anti-Mathanase, ou critique du Chef-d'œuvre d'un inconnu. *A Utrecht*, 1729; in-12, br.

Cette critique est plus rare que l'ouvrage auquel elle s'applique.

199. Pensées ingénieuses des anciens et des modernes (par le Père Bouhours). *Paris*, 1748; in-12, br. non rogné.

200. Saint-Evremoniana, ou Dialogues des nouveaux dieux (par Cotolendi). *Paris*, 1700; in-12, portr. v. br.

201. Lettres choisies des auteurs français les plus célèbres, pour servir de modèle aux personnes qui veulent se former dans le style épistolaire, etc. *Paris*, 1768, 2 vol. in-12, v. m.

202. Letters to and from the late Samuel Johnson, L. L. D., published by Hester Lynch Piozzy. *Londres*, 1788, 2 vol. in-8, v. rac.

203. Lettres de feu Ph. Dormer Stanhope, comte de Chesterfield, à son fils, avec quelques autres pièces sur divers sujets. *Amsterdam*, 1776, 4 vol. in-12, v. m.

VI. POLYGRAPHES.

204. OEuvres de Montesquieu. *Paris, an IV*, 5 vol. in-8, v. rac.

205. OEuvres complètes de l'abbé de Mably. *Londres*, 1789; 15 vol. in-8, v. m. fil.

206. OEuvres de P.-E. Lemontey. *Paris*, 1829; 5 vol. in-8, br.

207. Ch. Nodier : Bibliographie des Fous (2 part.). — Des Satires publiées à l'occasion du Dictionnaire de l'Académie française. — Des Artifices que certains auteurs ont employés pour déguiser leurs noms. — Des Annales de l'imprimerie des Aldes.

— Des Matériaux dont Rabelais s'est servi pour la composition de son ouvrage. — De Quelques Livres satiriques et de leur clef (2 part.). — Du Langage factice appelé macaronique. Notice sur le Romancero français, 1835; 8 dissertations in-8.

208. Mélanges de jurisprudence, d'histoire, etc., par Ed. Gans. *Berlin*, 1834; 2 vol. in-8, d.-rel.

209. Choix d'opuscules philosophiques, historiques, politiques et littéraires de S. Van de Weyer. *Londres*, 1863; in-8, br.

210. OEuvres complètes de Lessing, nouvelle édit., corrigée. *Leipzig*, 1841; 10 t. en 6 vol. in-8, d.-rel. maroq.

Manquent les tomes III-IV.

211. Vie de Lessing. *Berlin*, 1793; 3 vol. in-12, d.-rel.

212. Lessing, sa vie et ses œuvres, par Adolf Stahr (première partie) (texte en allemand). *Berlin*, 1859; 1 vol. in-8, br.

213. Lessing, sa vie et ses œuvres, par Adolf Stahr (2ᵉ partie) (texte en allem.). *Berlin*, 1859, 1 vol. in-8, br.

214. L'Esprit de Lessing, tiré de ses ouvrages, par Férdér. Schlegel. *Leipzig*, 1810; 3 vol. in-12, cart.

215. Analyse des œuvres de Schiller, par Konrad Schwenck. *Frankfurt*, 1850; in-8, cart.

216. Vie de Schiller, par Schwab. *Stuttgart*, 1840, in-12, cart.

217. Mélanges littéraires, politiques et moraux de Wieland, trad. de l'allem. par Loève-Weimars. 1824; 1 vol. in-8, br.

218. OEuvres complètes de Gœthe (texte allemand). *Stuttgard*, 1840, 40 tomes en 20 vol. in-12, cart.

Manquent les tomes VII-VIII.

219. Gœthe à Francfort-sur-le-Mein, ou tableau de
sa vie de 1737 à 1775, par le Dr Henri Doring.
Jéna, 1839, in-8, cart.

220. Gœthe d'après des rapports personnels inti-
mes, par Joh. Falk. *Leipzig*, 1832, in-12, cart.

221. Particularités sur Gœthe, par Fréd.-Will. Rie-
mer. *Berlin*, 1841, 1 vol. in-8, d.-rel. (tome 2).

222. Gœthe au point de jonction de deux siècles,
par Karl Gutskost. *Berlin*, 1836; in-12, cart.

223. Gœthe et son siècle, par Rehberg. *Jéna*, 1835;
in-8, cart.

224. Gœthe et Klopstock, par Freimund Pfeiffer.
Leipzig, 1842; in-12, cart.

225. OEuvres de Novalis, nouvelle édition, publiée
par Ludwig Tieck et Fr. Schlegel (texte en allemand). *Paris, Baudry*, 1840; 1 vol. in-8, br.

226. OEuvres complètes de Ludwig Tieck (texte
allemand). *Paris, Baudry*, 1841, 2 vol. gr. in-8,
à 2 col. br. portr.

227. Collection of british authors, Tauchnitz edition. *Leipzig*, 1842-1867; 156 vol. in-16, br. (Lacunes.)

228. The Works of Ben Jonson, with a biographical memoir by Will. Gifford. *London*, 1860; gr.
in-8, cart. toile.

229. The Life of Samuel Johson, by James Boswell.
London, 1819, 4 vol. in-12, avec 2 fac-simile, d.-
rel.

230. The Liberal, verse and prose from the South.
London, 1822; 2 v. in-8, cart.

HISTOIRE.

I. VOYAGES ; HISTOIRE ANCIENNE ET MODERNE.

231. Extraits de voyages intéressants pour la jeunesse, par Campe. *Brunswick*, 1789; pet. in-12, cart.

232. Annuaire historique universel. *Paris, Thoisnier-Desplaces*, années 1835 et 1837; 2 gros vol. in-8, br.

233. The civil Wars of Rome, select Lives, translated from Plutarch, with notes, by George Long. *London*, 1844-1848, 5 tomes en 2 vol. in-12, cart.

234. The History of Rome, by Thomas Arnold, D. D. *New-Yorck*, 1860; 1 vol. gr. in-8, cart. toile.

235. History of the Romans under the empire by Charles Merivale, B. D. *Londres*, 1860; 3 vol. gr. in-8, cart. toile, carte.

236. Histoire de l'empereur Jovien, et traduction de quelques ouvrages de l'empereur Julien, par l'abbé de La Bletterie. *Paris*, 1776; in-12, rel.

237. Les Révélations indiscrètes du xviiiᵉ siècle, par le cardinal de Bernis, Bossuet, Chénier, Diderot, J.-J. Rousseau, le R. P. Lachaise, etc. ; le tout précédé des Confessions. *Paris*, 1814, in-16, br.

238. Arlequin réviseur et médiateur, ou l'Europe pacifiée pour ne rompre jamais ; à grands maux violents remèdes. *Londres*, 1749; pet. in-8, v. br.

239. Souvenirs d'un citoyen (par Formey). *Berlin*, 1789; 2 vol. in-12, d.-rel. front. gr.

Cet ouvrage est précédé de plusieurs lettres du grand Frédéric. — On trouve un peu de tout dans ces Souvenirs, surtout des portraits parfois assez singuliers.

240. Correspondance du comte de Platen et de J. Minckwitz. *Leipzig*, 1836; in-12, cart.

241. Abrégé chronologique de l'histoire de France, par le sieur de Mézeray. *Amsterd.*, *Wolfgang*, 1688; 6 vol. in-12, v. br. portraits. (*Édition elzevirienne.*)

242. Histoire de la captivité de François Ier, par M. Rey. *Paris*, 1837; 1 vol. in-8, br.

243. Mémoires sur la cour de Louis XIV et de la régence, extraits de la correspondance allemande de madame Elisabeth-Charlotte, duchesse d'Orléans (princesse Palatine), mère du régent. *Paris*, 1823; in-8, br.

244. Lettres d'un Français, par l'abbé Leblanc. *La Haye*, 1745; 3 vol. in-12, v. b.

245. Correspondance du cardinal de Bernis, ministre d'État, avec M. Pâris du Verney, conseiller d'Etat, depuis 1752 jusqu'en 1769. *Paris*, 1790; 2 vol. in-8, cart.

246. Histoire de la décadence de la monarchie française depuis Louis XIV jusqu'à la mort de Louis XVI, par J.-L. Soulavie aîné. *Paris*, 1803; 3 vol. in-8, br. figures, atlas.

247. Considérations sur les principaux événements de la Révolution française, par Mme la baronne de Staël. *Paris*, 1818; 3 vol. in-8, br.

248. Correspondance inédite de Marie-Antoinette publiée sur les documents originaux, par le comte Paul Vogt d'Hunolstein. *Paris*, 1864; 1 vol. in-8, br.

249. Mémoires de Mme Roland, publ. par Berville et Barrière. *Paris, Baudouin*, 1821; 2 vol. in-8, d.-rel.

250. Aneries révolutionnaires, ou balourdisiana, bêtisiana, etc., etc.; anecdotes de nos jours, recueil-

lies et publiées par Cap... L. *Paris, an IX*, in-18,
br. fig. color.

251. Souvenirs, épisodes et portraits, pour servir à
l'histoire de la révolution et de l'empire, par Ch.
Nodier. *Paris*, 1831; 2 vol. in-8, d.-rel.

252. Chateaubriand : Essai sur les révolutions an-
ciennes et modernes dans leurs rapports avec
la Révolution française. *Londres,* 1814, in-8. —
Congrès de Vérone, guerre d'Espagne, gr. in-8.
— Rétablissement de la censure, 1827, in-8. —
Mélanges historiques et politiques (tome 6 des
œuv.). *Paris, Lefèvre,* 1838; in-8, d.-rel. — Ens.
4 vol. in-8, — 3 br., 1 d.-rel.

253. La Monarchie de 1830, par A. Thiers. — Rapport général présenté par M. Thiers au nom de
la commission de l'assistance et de la prévoyance
publiques, 1850 (2 *ex.*). — Discours sur l'histoire
de la révolution d'Angleterre, par M. Guizot
(1850); ens. 4 broch. in-8.

254. Coup d'œil sur la vie publique de M. Guizot,
par Martin Doisy, 1836. — Discours prononcé
par M. Guizot, pour sa réception à l'Académie
française, le 22 décembre 1836. — Discours prononcés à la Chambre, par M. Guizot, sur la dis-
cussion des dépenses secrètes, 1837, avec la réponse de M. Thiers; le tout en 1 vol. in-8, portr.
d.-rel. v. fauve.

255. Dissertation sur les Parisii ou Parisiens, et sur
le culte d'Isis chez les Gaulois, par Déal. *Paris,*
1826; in-8, br.

256. Les Siéges d'Arras, histoire des expéditions
militaires dont cette ville et son territoire ont été
le théâtre, par Achmet d'Héricourt. *Paris*, 1844,
gr. in-8. br.

257. Histoire de Robert le Diable, duc de Norman-
die (et de Richard sans Peur, son fils). *Liége,*
1787; 2 part. en 1 vol. in-12, cart.

258. Voyage littéraire de Provence, par Papon. *Paris*, 1780; 1 vol. in-12, v. m.

Accompagné d'anecdotes sur les trouvères et les troubadours.

259. Mémoires de Mad. la marquise de la Roche-jaquelin. *Paris*, 1848; 1 vol. in-8, d.-rel. cartes.

260. Algérie : un Regard, écrit par Mlle Pauline de Noirfontaine. *Le Havre*, 1856; gr. in-8, br.

261. Voyage en Suisse en 1817, 1818 et 1819, suivi d'un Essai historique sur les mœurs et les coutumes de l'Helvétie ancienne et moderne, par L. Simond, avec une pl. double gravée au trait. *Paris*, 1822; 2 vol. in-8, d.-rel.

262. Sac de Rome, écrit en 1527 par J. Bonaparte, traduit de l'italien par N. L. B. *Florence*, 1830; in-8, d.-rel. fig.

263. Voyage du prince Don Fernande, infant d'Espagne, depuis 1632 jusques à 1634, traduit de l'esp. de D. de Aedo et Gallart, par J.-J. Chifflet. *Anvers*, 1635 ; in-4, fig. parch.

Livre curieux. Notre exemplaire, dans lequel se trouve le plan de la bataille de Nordlingue, a été annoté par Jamet, et sa signature sur le titre indique qu'il lui a été donné à Lunéville par Dom Calmet.

264. L'Origine des princes électeurs auxquels seuls appartient l'élection du roy des Romains, vérifiée par les anciens historiographes, par J.-P. Windeck, trad. en françois par Christofle de Beys. *Lille, Christofle de Beys, au Lis blanc*, 1632; pet. in-8, v. m.

265. Hégel et les Prussiens. *Francfort*, 1841; in-8, cart.

266. Historical of the english Stage, by Edmond Malone. *Basel*, 1800, gr. in-8, br.

267. The Constitution of England, by J.-L. de Lolme, with a Life of the author. *London*, 1822; pet. in-12, avec frontispice et une jolie vignette, veau ant. fil.

268. Lettres de Henri VIII à Anne de Boleyn, écri-
tes en anglais et en français. 1826; portr. gr. in-8.

269. Histoire entière et véritable du procès de Charles Stuart, roi d'Angleterre. *Paris, s. d.;* in-8,
figure du supplice, d.-rel.

Avec les prières récitées dans l'Église anglicane pour l'expiation de la mort
de Charles Ier, ajoutées à l'exemplaire.

270. Anecdotes of the late Samuel Johnson L. L.
D. during the last twenty years of his life, by
Hester Lynch Piozzy. *Londres,* 1786; in-8, d.-rel.

271. Historical Sketches of statesmen who flouris-
hed in the time of George III, by H. lord
Brougham. *Londres et Glasgow,* 1856; in-8, cart.
toile.

272. Memoirs, anecdotes, facts and opinions, col-
leted and preserved by L. M. Hawkins. *London,*
1824; 2 vol. in-8, cartonnés.

273. The Life of Reginald Heber, D.-D. lord Bishop
of Calcutta, by his widow. *London,* 1830; 2 vol.
in-4, avec carte, cart.

II. HISTOIRE LITTÉRAIRE; BIBLIOGRAPHIE;

BIOGRAPHIE.

274. Question de littérature légale, par Ch. Nodier,
2e édition. *Paris,* 1828; in-8, br.

275. Histoire de la littérature ancienne et moderne,
par Frédéric de Schlegel. *Berlin,* 1841; 2 vol.
in-8, d.-rel.

276. De la Littérature considérée dans ses rapports
avec les Institutions sociales, par Mme de Staël-
Holstein. *Paris, an VIII;* 2 v. in-8, d.-rel.

277. Introduction to the literature of Europe in the
fifteenth, sixteenth and seventeenth centuries, by
Henry Hallam. *Paris, Baudry,* 1839, 4 vol.
in-8, br.

278. Histoire littéraire de la France, avant le xii^e
siècle, par J.-J. Ampère. *Paris*, 1839, 2 vol.
in-8, br.

279. Essais sur la littérature française, à l'usage
des étrangers, par Craufurd. *Paris*, 1818, 3 vol.
in-8, br.

280. Histoire de la littérature allemande, trad. du
latin de Heinsius, 1 vol. in-8, br.

281. Histoire de l'Académie françoise, par Pélisson.
Paris, 1700; pet. in-12, v. marb.

On a relié à la suite : *les Sentimens de l'Académie françoise sur la tragi-
comédie du Cid.*

282. Histoire de l'Académie françoise, par M. Pélisson. *Amsterdam*, 1717, pet. in-8, v. jasp.

283. Histoire de l'Académie françoise depuis son
établissement jusqu'à 1652, par Pellisson. *Paris*,
1730; 2 vol. in-12, v. br.

284. Choix de discours de réception à l'Académie
françoise, depuis son établissement jusqu'à sa
suppression, avec une introduction par Le Bou-
dou. *Paris*, 1808, 2 vol. in-8, v. rac.

285. Institut. Discours de réception prononcés à
l'Académie française par MM. Dupin aîné, Scribe,
de Salvandy, Guizot, Mignet, Flourens, Victor
Hugo, Ballanchè, Saint-Marc Girardin, Sainte-
Beuve, Mérimée, Alfred de Vigny, Vitet, de Ré-
musat, de Noailles, Dupanloup, Silvestre de
Sacy, Ernest Legouvé, Biot, de Falloux. Ensemb.
21 br. in-4.

286. Essai d'une statistique des bibliothèques publiques des pays étrangers de l'Europe, par L.-
A. Constantin. *Paris*, 1841, pet. in-8 br.

Tiré à 75 exemplaires (n° 69).

287. Lexicon bibliographicum, sive index editio-
num et interpretationum scriptorum græcorum
tum sacrorum, tum profanorum, par S.-F.-G.

Hoffmann. *Leipzig*, 1832; 3 vol. in-8, demi-rel.
v. f.

288. La France littéraire. *Paris*, 1832-1833, 10 tomes en 24 livraisons, in-8, br.

289. Manuel du Bibliophile, ou Traité du choix des
livres, par Gabr. Peignot. *Dijon*, 1823; 2 vol.
in-8, br.

290. Serie dell' edizioni de' testi di lingua italiana
da Bartolommeo Gamba. *Milano*, 1812; 2 vol.
in-12, br.

291. Bonaventure des Périers, Cyrano de Bergerac,
par Charles Nodier. *Paris*, 1841; in-12, br. pap.
vergé fort, gr. pap. vél. fort.

292. Mémoires et anecdotes pour servir à l'histoire
de Voltaire, depuis sa naissance jusqu'à sa mort.
S. d., 1780; 2 tomes en 1 vol. in-18, d.-rel.

293. Vie de Leibnitz, par Guhrauer. *Breslau, s. d.*;
2 vol. in-12, d.-rel. portr. fac-sim.

294. Vie de Pierre Arétin, par M. de Boispréaux.
La Haye, 1750; in-12, v. m. portr.

III. ENCYCLOPÉDIE; REVUES; MAGASINS; COLLECTIONS D'OUVRAGES.

295. Encyclopédie nouvelle, par P. Leroux et J. Rey-
naud, 1836; in-4, 4 livr. br. — Revue du Nord,
par Boulet. *Paris*, 1835; tome Ier, 1 vol. in-8,
d.-rel. — Revue théâtrale, 2 livr. in-12. — La
Littérature et les Arts, 1 livr. in-12. Ens. 8 pièces.

296. Encyclopedia britannica, or Dictionary of arts,
sciences, etc. *Edinburgh*, 1860; tome XX, partie Ire, 1 vol. in-4, fig. br.

297. Revue encyclopédique, 1819 à 1833 (manq.
1830). Ensemble 24 vol. in-8, d.-rel.; le sur-
plus br.

298. Revue de Paris. 1828 (2ᵉ année) à 1844. Ens.
211 livr. br. et 16 vol. in-8, d.-rel. (*Lacunes.*)

299. Revue française. *Paris*, janvier 1828 à juillet
1830; 16 vol. in-8, br.

300. Gazette littéraire, revue française et étrangère
de la littérature, des sciences et des beaux-arts.
Paris, 1830; 2 tomes en 1 vol. in-4, d.-rel. —
Premier Mémoire sur les poissons, par Geoffroy-
Saint-Hilaire. Br. in-4, pl.

301. Revue des Deux-Mondes, 1832 à 1860. Ens.
42 vol. in-8, d.-rel. et 144 livr. (*Lacunes.*)

302. La Revue nouvelle. *Paris*, janvier 1845 à mai
1847. Ens 21 livr. gr. in-8, br.

303. Revue contemporaine et Athenæum français.
Paris, 1852, 1855, 1859 (lacunes). 13 livr. Ens.
gr. in-8, br.

304. Le Correspondant. *Paris*, 1844 à 1863 (lacunes). Ens. 6 livr. in-8, br.

305. Revue trimestrielle, 1828 1ʳᵉ année, 4 numéros
(complète). — Mercure de France, 1817 à 1829;
9 livr. (lacunes). — Le Catholique, 1826; 4 livr.
(lacunes). — Revue germanique, 1858, 1ʳᵉ et 2ᵉ
livr. — L'Europe littéraire, 1833; 1ʳᵉ année, 9 livr.,
(lacunes). — La France littéraire, 1834 à 1836-
37-41; 4 livr. (lacunes). — Le Parnasse contem-
porain, 1866, 8 livr. (lacunes). — Le Croisé,
1860-61; 2 livr. — Revue française, 1837 à 1857;
3 livr. — Revue républicaine, 1834; 2 livr. —
Le Présent, 1857, 3 livr. — La Revue nouvelle,
1847 à 1864; 6 livr. (lacunes). — L'Analyse, 1866;
1ʳᵉ année, tome Iᵉʳ et 2 livr. Ens. 59 livr. ou
broch. in-8.

306. Revue Britannique, 1826 à 1855; 16 livraisons
(lacunes). — Revue critique des livres nouveaux,
1837-1838; 2 vol. — Annuaire des sociétés sa-
vantes, 1866; 4 livr. (complet). — La Littérature

et les Arts, 1860; 6 numéros (lacunes), etc. Ens. 42 livr. ou broch. in-8 et in-12.

307. Le Magasin de librairie, 1858-59; 5 vol. en 20 livr. (complet). — Revue européenne, 1857-1860; 3 livr. (lacunes). La Revue indépendante, 1843 à 1848; 6 livr. (lacunes). — Revue du théâtre, 1835-36; 7e et 8e vol. en un. — Le Producteur, 1825-26; 15 livr. Ens. 45 vol. ou livr. gr. in-8.

308. The Quarterly Review. *London*, 1809 à 1860 (lacunes). 136 vol. in-8, br.

309. The British Quarterly Review, février 1845 à juillet 1859 (lacunes). Ens. 15 vol. in-8, br.

310. The London Review (published quarterly). *London*, 1858; 2 vol. in-8, br.

311. The Foreign Quarterly Review, de 1827 à 1842. *Londres*, 1827; 28 vol. in-8, d.-rel. v. f.

312. The Foreign Quarterly Review. *London*, 1829-1842; 28 vol. gr. in-8; d.-rel. v. f. (manquent les tomes I, II et IV); plus 7 vol. in-8, br. (1842 à 1846) (lacunes).

313. The British and Foreign Review, or European Quarterly Journal. *London*, 1836 à 1844; 4 vol. in-8, br.

314. The Westminster Review. *London*, 1832-1833 (lacunes); 3 vol. in-8, br. — The Westminster and Foreign Quarterly Review, 1838 à 1850 (lacunes); 15 vol. in-8, br. — The Westminster Review, new series, 1854 à 1860 (lacunes); 16 vol. in-8, br. Ens. 34 vol.

315. The National Review. *London*, 1855-1857; 3 livr. in-8, br.

316. The Foreign and Colonial Quarterley Review. *London*, 1843-1844; 6 vol. in-8, br.

317. The North British Review. *Edinburgh,* 1849-1851-1853; 3 livr. in-8, br.

318. The Edinburgh Review, or critical journal, 1818 à 1861 (lacunes). Ens. 54 vol. in-8 (34 d.-rel. et 20 br.).

319. The Edinburgh Review, 1840; 1 vol. — New Quarterly, octobre 1846, avril 1847; 2 vol. — The Monthly Repertory, 1812-1813; 2 vol. — The English Journal, 1841; 1 vol. Ens. 6 vol. in-8, d.-rel.

320. Selections from the Edinburgh Review, edited by Maurice Cross. *Paris, Baudry,* 1835; 6 vol. in-8, br.

321. The American Quarterly Review. *Philadelphia,* 1827 à 1833 (lacunes); 19 vol. in-8, br.

322. The North American Review. *Boston,* 1845-1849; 2 vol. in-8, br.

323. The London Magazine, janvier 1821 à octobre 1823 (lacunes); 9 livr. in-8, br. 1824, 1825 et 1826; 8 vol. in-8, d.-rel.

324. Blackwoods Edinburgh Magazine, 1824 à 1861 (lacunes). Ens. 51 livr. in-8, br.

325. The Athenæum Journal of english and foreign literature, science and the fine arts. *London,* 1833 à 1862 (lacunes). Ens. 32 numéros in-4, en feuilles, et 7 mois br.

326. Fraser's Magazine for town and country. *London,* 1835 à 1857 (lacunes). Ens. 37 livr. in-8 br. et 2 vol. in-8 d.-rel.

327. The litterary Gazette and Journal of belles-lettres, arts, sciences, etc. *London,* 1825 à 1842 (lacunes). Ens. 12 vol. in-4 d.-rel. et 153 numéros en feuilles.

328. The Critic, 1858-1861; 4 livr. — Toit's Edinburgh Magazine, 1843; 2 livr. — Chambers's Edinburgh Journal, 1852-1855; 2 livr. — The In-

ternational Magazine, 1852; 1 livr.— The Monthly
Chronicle, 1839; 1 livr. — New Quarterly Review,
1 liv. — Household Words, a weckly journal,
1857; 2 livr. — The Prospective Review, 1854;
3 livr. — Meliora Quarterley Review of social
science, 1859; 1 livr. — The European Review,
1824; 1 livr. — The New-York Review, 1838;
1 liv. — The New Quarterly, or home, foreign
and colonial Review, 1844; 2 livr. — The Westminster Review, 1840; 1 vol. — The Journal of
mental science, 1858; 1 livr. — The Universal
Review, 1850; 1 livr. — Bentley's Quarterly Review, 1859; 2 livr. Ens. 26 livr. in-8, et in-4.

329. Les Hommes politiques du jour. — Le Cymbalum mundi. — Le Monde prophétique. — Chefs-
d'œuvre des auteurs comiques. — Philoméla, par
Catulle Mendès. — Mémoires d'Alfieri, écrits par
lui-même. — Histoire des marionnettes en Europe, par Ch. Magnin. — Roméo et Juliette, tragédie. — Beethoven et ses trois styles, 2 vol. —
Valdésie, poëme par Mouston. — Les Flèches
d'or, poésie par Alb. Glatigny, etc. Ens. 17 vol.
in-12, br.

330. De Vita Joannis Lodovici Valentini. — OEuvres de Saint-Evremond, tomes IV, V et VI. —
Confessions de saint Augustin. — Traité des études. — Essais sur Paris, 3 vol. — Lettres de Mon-
tagute, etc. Ens. 22 vol. in-12, rel.

331. La Cité des hommes, par Adolphe Dumas. —
Eugène Sue, photographié par lui-même. —
Le Roman d'un jeune homme pauvre. —
Lettres de Mme la marquise du Chastelet. — Les
Réalistes. — A mes Juges, par Mirès. — OEuvres
de Bossuet. — Notice sur Mme de Staël. — Crimée,
par L. Delahaye. — Le Jardin des racines grec-
ques. — Conversations de lord Byron, 2 vol., etc.
Ens. 45 vol. et brochures in-8, in-12.

332. Chorus poetarum. *Lyon*, 1616; — Satyricon
Jo. Barclaii, 1772. — Abrégé de l'histoire romaine,
par Paganel. — Le comte de Carmagnola et Adel-
ghis; Marie Stuart; tragédies par Fréd. Schiller, etc.
Ens. 14 vol. in-4 et in-8, rel.

333. Un Entretien par mois, par de Lamartine. —
La Grèce tragique, par L. Halévy. — Aristophanis Equites. — Des Intérêts catholiques au xix[e]
siècle, par le comte de Montalembert. — Pano-
rama de la prise de Sébastopol, par le colonel
Langlois. — Etude sur Mirabeau, par V. Hugo.
— Jules César, tragédie de Shakspeare, par Carl-
hant, etc., etc. Ens. 102 vol. ou broch. in-4, in-8
et in-12, br.

334. Les Origines du théâtre moderne, par Ch. Magnin. — Poésies, par Ch. Brugnot. — Essais sur
le génie de Pindare, par Villemain. — La Chasse
aux fantòmes, par Arn. Frémy. — Un Roman
pour les cuisinières. — Le Monomane, par Ch.
Duveyrier. — Etudes d'histoire religieuse, par
Ern. Renan, et livres de poésies, etc. Ens. 12 vol.
in-8, br.

335. Quelques Lettres inédites de Béranger. —
OEuvres complètes de Ludwig Tieck. — Bluettes
antimondaines d'une danseuse. — Le Parfait Con-
naisseur. — Le Giaour, traduction en vers, avec
le texte en regard. — Quatre poëmes, par Mme
Louise Colet. — Portraits historiques. — Tableau
de la littérature française, depuis 1789, par M.-J.
de Chénier. — Les Femmes d'Amérique. — Les
Soupers de Momus. — Vies de Milton et d'Addi-
son. — Balzac en pantoufles, etc. Ens. 34 vol. ou
broch. in-12, in-16 et in-18.

336. Correspondance de lord Byron. — OEuvres
d'Hamilton, 2 vol. — Mélanges, de Wieland. —
La Morale avant les philosophes. — OEuvres
complètes de J.-J. Rousseau. — Nova scriptorum

latinorum Bibliotheca, 3 vol., etc., etc. Ens. 15
vol. ou broch. in-8.

337. Essays philosophical, historical and literary,
1789. — The American annual Register, 1797. —
Poems, by the Rev. George Crabbe, 1808. — Te-
cumseh and the Prophet of the West, tragedies,
1844. — The Last of the barons, 1843. — An
Essay on the genius of Shakespeare, 1826. — Night
and Morning, 1841. — Illustrations of the fairy
mythology, 1845. — Essays, letters from abroad,
translations and fragments, 1845. Ens. 10 vol.
in-8, rel.

338. Philosophical Enquiry, by Edm. Burke, 1821.
— The Monk, a romance, by G. Lewis, 1832. —
Essay on « the Birds » of Aristophanes, by J.-W.
Süvern, 1835. — Alice, or the Mysteries, by E.-L.
Bulwer, 1838. — Shakspeare's Hamlet, 1848. —
The Remarks of Karl Simrock, 1850. — The poe-
tical Works of Will. Lisle Bowles. Ens. 7 vol.
in-8, rel.

339. A philosophical Analysis and illustration of
some of Shakespeare's remarkable characters,
1774. — The Adventures of Roderic Random, by
T. Smollet, 2 vol. — The Life of lord Byron, by
John Galt, 1831. — The select Works of the Rev.
John Newton, 1825; 3 vol. — The poetical Works
of John Gray, including his fables, 1784; 3 vol.
Ens. 10 vol. in-12 et in-18, rel.

340. The British Essayists, with prefaces historical
and biographical, by A. Chalmers. *London*, 1817;
tomes 23 à 44 (lacunes). Ens. 16 vol in-12, cart.

341. Frankenstein, or the modern Prometheus,
1818; 3 vol. — Life of Mrs. Siddons, by Thomas
Campbell, 1834. — Ormand, or the secret wit-
ness, by Charles Brockden Brown, 1822; 3 vol. —
Journal, by Frances Anne Butler, 1835; 2 vol. —
Theodric, other poems, by Thomas Campbell,
1824. Ens. 10 vol. in-8 et in-12, rel.

342. The Pentameron and Pentalogia, 1837. — The
Cæsars, 1860. — Choice Notes from « Notes and
queries » folk lore, 1859. — The annotated edition of the english poets, 1854. — The Poems of
Shakespeare, 1832. — Bacon and Shakespeare,
1857. — Amelia, by H. Fielding. *S. d.*; 3 vol. —
Poems, Plays and Essays, by Oliver Goldsmith,
1838. — The Life and Adventures of Robinson
Crusoe, 1783. — The old english Baron, and Castle
of Otranto, etc. Ens. 12 vol. in-12 et in-18, rel.

343. Nature, an essay, 1860. — The Pilgrim's Pro-
gress, by J. Bunyan, 1859. — The street Guide,
1851. — Twice told tales, 1854; Will. Shakespeare, not an impostor, 1857. — Representative
Men, 1850. — Dred, 1856. — Sunny Memories
of foreign lands, etc. Ens. 28 vol. in-12 et in-18,
rel. et br.

344. The New Quarterly Review, 1853. — Essays
of Elia, by Charles Lamb, 1839. — Stories from
the italian poets, 1846. — Zanoni, by sir E. L.
Bulwer, 1842. — The Works of Peter Pindar,
1826. — The World, 1825, etc. Ens. 32 vol. ou
broch. in-8 et in-12.

345. The Dublin Review, 1837-38; 2 livr. Galigna-
ni's Magazine. — Literary Gazette, 48 livr. — The
London Magazine, 1823; 1 livr. — The College
Magazine, 1858; 1 livr. — The Asiatic Journal,
1844; 1 livr. — The Gentleman's Magazine, 1859-
1860; 4 livr. — Fraser's Magazine, 1851, 2 livr. —
Temple Bar, a London Magazine, 1861; 3 livr. —
The Cornhill Magazine, 1860; 3 livr. — North-
American Review, 1815; 3 livr. — Macmillan's
Magazine, 1868·1861; 3 livr. — Bentley's Miscel-
lany, 1832-1846; 5 livr. — The Southern Quarterly Review, 1845-1846; 3 livr. — Dublin Magazine university, 1836, 1850, 1856; 4 livr. Ens.
39 livr. in-8, br.

CONDITIONS DE LA VENTE.

Il y aura, chaque jour de vente, de DEUX heures à QUATRE, exposition des livres composant la vacation du soir.

Les livres vendus devront être collationnés sur place, dans les vingt-quatre heures de l'adjudication. Passé ce délai, ou une fois sortis de la salle de vente, ils ne seront repris pour aucune cause.

Les acquéreurs payeront, en sus du prix d'adjudication, cinq centimes par franc, applicables aux frais.

M. Léon Techener, libraire chargé de la vente, remplira les commissions des personnes qui ne pourraient y assister. (*Écrire franco.*)

ORDRE DE LA VENTE.

PREMIÈRE VACATION. — *Vendredi 17 avril.*

Nᵒˢ 1 à 170.

DEUXIÈME VACATION. — *Samedi 18 avril.*

Nᵒˢ 171 à la fin.

Lots de livres non catalogués.

Paris. — Imprimerie de Ad. Lainé et J. Havard, rue des Saints-Pères, 19.

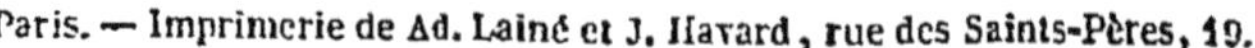

www.ingramcontent.com/pod-product-compliance
Ingram Content Group UK Ltd.
Pitfield, Milton Keynes, MK11 3LW, UK
UKHW021013120726
13693UKWH00005B/1962